I0448026

El Veganismo

Y

La Vida Verde

Lucas Cano Costas

ISBN: 978-1502935694

El Veganismo y la Vida Verde

Lucas Cano Costas

TABLA DE CONTENIDOS

Lucas Cano Costas

Lucas Cano Costas

Lucas Cano Costas

INTRODUCCIÓN

Renuncia: Se ha tomado un especial cuidado para asegurarse de que la información presentada en este libro es exacta.

Sin embargo, el lector debe entender que la información presentada no constituye una verdad empírica, jurídica o médica.

EL VEGANISMO

El vegetarianismo es, por definición, la dieta actual que establece la principal fuente de energía para el organismo en exclusiva mediante productos que no contengan ingredientes de origen animal. Por lo tanto, cualquier persona que consume carne de mamíferos, aves, reptiles, anfibios, peces e invertebrados, sus huevos, leche, miel, gelatina o cualquier otro producto de origen animal no puede considerarse vegetariano.

Sin embargo existe cierta confusión en cuanto a lo que es el vegetarianismo, y muchas veces las personas que consumen alimentos de origen animal se considera que pertenecen a alguna categoría del vegetarianismo. Por ejemplo, las personas que consumen carne de vez en cuando se suelen llamar semi-vegetarianos, y los que consumen huevos y leche se pueden considerar lacto-ovo vegetarianos, sin embargo, el consumo de productos de origen animal en sí contradice la idea de que estas personas sean realmente vegetarianas.

En la mayoría de los casos, la adopción del vegetarianismo ocurre de manera gradual, en la que el individuo primero deja el consumo de carne roja, después abandona las aves de corral y el pescado, a continuación, los huevos y los productos lácteos. Sin embargo, no todas las personas que rechazan algunos alimentos de origen animal se convierten en vegetarianos de un día para otro.

Lucas Cano Costas

Reemplazar la carne roja con carne blanca o pescado puede tener algún impacto relacionado con la salud ya que existe una creencia generalizada de que la carne blanca es más saludable para el consumo humano que la carne roja. También tener un concepto ético poco sólido, donde el pescado y las aves se consideran "otros animales" menos sensibles, o incluso "no animales", debido a la escasa presencia de sangre o de signos externos que muestre el sufrimiento. También hay casos en los que la persona deja el consumo de todos los tipos de carne, pero acaba aumentando el consumo de huevos o productos lácteos. Al hacerlo, estos individuos pueden estar consumiendo mayor cantidad de productos de origen animal de los que consumían antes, lo que acaba dando como resultado una mayor explotación animal en vez de reducirla, lo cual debería de ser nuestro objetivo.

La abstinencia de carne es un paso importante, sin embargo, no puede ser considerado como un fin en sí mismo. Este paso deberá de ser seguido por muchos otros, que conducen gradualmente a la exclusión de otros productos de origen animal, con el objetivo de respeto de los derechos de los animales, el obtener una mejor salud y la protección del medio ambiente.

Además, sólo la abstención de todos los productos de origen animal de una sola persona puede garantizar que no se llevan a cabo impactos ambientales significativos, no sólo porque el ganado vacuno es responsable de la deforestación mediante la desviación de granos para la alimentación animal, la contaminación del medio ambiente los residuos de la cría de animales, la contaminación de los recursos

Lucas Cano Costas

hídricos y de efecto invernadero, sino también por la producción lechera y la cría de las gallinas ponedoras.

Un patrón dietético que conlleve el consumo de leche y huevos es incompatible con la idea de una dieta saludable, ya que estos alimentos, así como la carne, también están involucrados con la mayor incidencia de diabetes, arteriosclerosis, reumatismo, hipertensión, osteoporosis, anemia, enfermedad cardíaca, enfermedad renal, enfermedad respiratoria, accidente cerebrovascular, esclerosis múltiple, algunos tipos de cáncer y la obesidad.

La abstinencia de carne es a menudo el primer paso hacia el veganismo. Este primer paso, el pre-veganismo, no debe entenderse como un fin en sí mismo. Cualesquiera que sean las razones que llevan a una persona a abstenerse de comer carne, estas mismas razones deberían llevarla a buscar la abstención también de otros productos de origen animal.

No todas las personas que se abstienen del consumo de cualquier tipo de carne tienen planeado convertirse algún día en vegetariano. Muchos consumidores pueden abstenerse del consumo de carne roja o de grandes consumos de carne, y sustituir este consumo por el consumo de pescado y pollo, que son animales considerados más saludables y menos sensibles. O también puede sustituirlo por un aumento de su consumo de huevos y productos lácteos.

Lucas Cano Costas

A menudo, las personas que realizan esos reemplazos creen que ya han adoptado el veganismo, teniendo en cuenta el pollo, el pescado, los huevos y la leche, como alimentos "vegetarianos puros".

La ética que rodean el veganismo, se encuentra no sólo en la abstinencia de la carne, sino en cualquier producto que se deriva de la explotación animal. La carne, está más fácilmente asociada con la explotación animal y es a menudo el primer punto a ser abordado. Sin embargo, la leche, los huevos, la miel y todos los demás productos de origen animal se derivan de operar de igual manera o con métodos más crueles que los sistemas a base de carne, y por tanto también se deberán de eliminar de nuestra dieta.

Un Estilo de Vida sano, respetuoso con el medio ambiente y libre de crueldad.

Cada vez más personas se están dando cuenta de que el estilo de vida vegano ofrece una serie de beneficios importantes para la salud, el estilo de vida y la ética personal. De hecho, el número de veganos está creciendo sustancialmente.

De acuerdo con informe de Vegetarian Times, el 6% de los adultos estadounidenses, 14,3 millones de personas, siguen una dieta vegetariana, y dos millones de estos son veganos. También se dice que aproximadamente 33 millones de estadounidenses han reducido significativamente su consumo de carne.

Muchas celebridades y figuras públicas se han sumado a este movimiento o bien defendiéndolo o bien haciendo del veganismo su

Lucas Cano Costas

forma de vida. Desde Bill Clinton a Ellen DeGeneres, y más personas de dominio público suelen compartir los beneficios del veganismo con el público. Esta conciencia pública ha conducido a una mayor aceptación del estilo de vida vegano.

EN QUÉ CONSISTE EL VEGANISMO

Los vegetarianos son personas que optan por no comer carne. Al igual que cualquier otro estilo de vida, personas diferentes toman decisiones diferentes. Algunos pueden comer mariscos. Otros pueden comer huevos y también productos lácteos.

Los veganos generalmente adoptan un enfoque global, y no comen ningún producto animal en absoluto. Esto significa que no comer carne, huevos, pescado, leche o queso. Algunos tampoco comen la miel porque está hecha por las abejas.

El estilo de vida vegano no se detiene en lo que come. También incluye no comprar o usar productos hechos de animales.

Por ejemplo, cuero, ante y lana son todos productos animales. Alguien que ha adoptado un estilo de vida vegano elegiría fibras sintéticas o fibras vegetales antes que comprar artículos hechos con pieles de animales o el pelo de animales.

Hay muchos beneficios para la adopción de un estilo de vida vegano. Sin embargo, este no es perfecto – también tiene algunas desventajas. Deberá comprender de los beneficios y también deberá estar preparado para los inconvenientes, después de analizar ambos, ya podrá tomar las decisiones correctas para usted. En este libro veremos, entre otras cosas:

- Los beneficios para la salud del estilo de vida Vegano

- Cómo beneficia el estilo de vida vegano al Medio Ambiente

- Por qué una sociedad libre de crueldad es mejor para todos

- Los retos del estilo de vida vegano y consejos para prosperar

- Cómo almacenar su despensa vegana

Lucas Cano Costas

Vamos a empezar por echar un vistazo a los numerosos beneficios para la salud de un estilo de vida vegano proporciono.

LA CARNE EN LA ALIMENTACIÓN Y EL MUNDO

La carne es, por definición, el tejido muscular de los animales. El término, sin embargo, se extendió comúnmente a todas las partes blandas del cuerpo animal, excepto a las vísceras y el pellejo (piel, pelo, plumas, escamas, etc). Algunos dicen que la "carne" es sólo la parte comestible de los mamíferos, por lo que el pollo, las ranas, los pescados y mariscos y los peces no serían carne, pero esta clasificación no tiene ninguna razón de ser.

A los efectos del consumo de carnes, estas se clasifican en carnes rojas y carnes blancas. La carne roja es más oscura y proviene del ganado vacuno, ovejas, cabras y caballos, mientras que la carne blanca es más liviana y viene de otros animales (conejos, aves, pescado, etc.). El cerdo es a veces clasificado como rojo y, a veces como blanco. Lo que diferencia el color de la carne es la mayor o menor presencia de la mioglobina que es pigmento que carga de oxígeno los músculos.

LA HISTORIA DEL CONSUMO DE LA CARNE

Los seres humanos son descendientes de primates arbóreos africanos que se alimentan principalmente de hojas y frutos. Hace unos 4 millones de años, el calentamiento global ha reducido gran parte de los bosques africanos de la sabana. Esto condujo a un mayor espaciamiento entre los árboles y la necesidad de los antepasados de los humanos a viajar largas distancias a través de la sabana. Esto llevó a la necesidad de buscar nuevas fuentes de alimentación.

En una extrema necesidad de supervivencia, los descendientes de los seres humanos comenzaron a consumir cualquier fuente de materia orgánica que se pudiera digerir, y esto incluye la carne. La carne en ese momento, era muy ventajoso al ser un alimento rico en calorías y nutrientes altamente concentrados. Los homínidos comenzaron a practicar necrofagia, disputándose el cadáver de los animales muertos con los depredadores como las hienas, los buitres y los gusanos.

Hace alrededor de 2,5 millones años los homínidos comenzaron a desarrollar formas de matar a su propia presa, produciendo piedras afiladas, lanzas y flechas. 1,5 años después de que dominaron el fuego, lo que les ayudó a ingerir y a digerir la carne de animales cazados de una manera más cómoda, saludable y sabrosa. La domesticación de los animales comenzó hace relativamente mucho menos tiempo, hace apenas 10 mil años.

No se tiene conocimiento de la existencia de tabúes sobre el consumo de carne en el período prehistórico. Posiblemente algunos grupos tenían tabúes con respecto al consumo de carne humana, sin embargo, esto no se aplica a todos los grupos. Posiblemente el consumo de carne creaba la sensación de que el animal era parte de la comunidad o del clan a través de su consumo, y que adquirían las virtudes observadas en los animales.

Lucas Cano Costas

El Jainismo, religión codificada hace unos 2.500 años, es la única gran religión que condena explícitamente todo el consumo de carne y explica que no se debe de hacer por razones éticas. El hinduismo y el budismo no prohíben expresamente el consumo de carne. El judaísmo prohíbe el consumo de carne de todos los animales que no son mamíferos rumiantes de pezuña hendida, pájaros con ojos laterales y que no se alimentan de carne y animales acuáticos con escamas. El Islam prohíbe el consumo de carne de cerdo.

En la sociedad occidental, la gente tiene tabúes en relación con el consumo de carne de perros y gatos, pero no tienen ningún problema en relación con el consumo de carne de ganado vacuno, ovino, caprino, porcino, aves y pescado. Como todos los tabúes, hay religiones o culturas que condenan el consumo de carne de algunas especies como algo repugnante, inmoral o incluso un delito, mientras que el consumo de carne de otras especies suelen ser vistos como una actividad normal.

La Carne como alimento de Consumo Masivo

La carne ocupa una posición central en la cultura occidental, ya siempre obtiene la mayor puntuación entre todos los otros alimentos. Comer carne en nuestra sociedad es sinónimo de "comer bien". Su consumo está asociado con las comidas festivas y la prosperidad familiar.

La presencia de carne en un plato determinado a menudo determina el nombre de ese plato, la carne sigue siendo un ingrediente muy cotizado en comparación con los muchos otros alimentos que existen.

Lucas Cano Costas

El Veganismo y la Vida Verde

Los defensores del consumo de carne a menudo recurren a clichés y a la tradición popular. Los comentarios favorables al consumo de carne siempre suelen ser breves y reflejan muy mal la realidad o tiene argumentos poco elaborados, a menudo aludiendo a su sabor, textura, la supuesta saludabilidad, la accesibilidad o el valor proteico.

La carne ha estado recibiendo cada vez más críticas en los países occidentales, sobre todo debido a la sensibilización respecto de los derechos de los animales, su asociación con las enfermedades crónico-degenerativas y la degradación ambiental causada por el ganado; la alimentación con un mayor énfasis en productos vegetales, por otra parte, está ganando popularidad.

El aumento de la popularidad de los movimientos de protesta en contra el uso de pieles de animales, la caza, la exterminación de especies en peligro de extinción, las fiestas del buey, corridas de toros, peleas de gallos y otros animales, los métodos de cría y transporte de animales vivos en la producción moderna de la carne, son un reflejo de la sociedad que se mueve hacia una nueva posición moral con respecto a la explotación de los animales. La mayoría de los activistas involucrados en estos movimientos, aunque se dicen defensores de los derechos de los animales, la mayoría son consumidores de carne.

Esta anomalía moral sólo puede entenderse cuando entendemos el concepto que hay detrás del movimiento por el bienestar animal. De acuerdo con este movimiento, los animales son criaturas sensibles, y por lo tanto requieren de nuestras consideraciones morales. Estas consideraciones implican su no apropiación y ni explotación. Los

Lucas Cano Costas

animales deben estar protegidos contra el sufrimiento considerado innecesario y puede ser explotados e incluso asesinados, si se considera necesario. Y "necesidad" aquí se entiende lo que es conveniente para la especie superior, el ser humano.

Para evitar los posibles dilemas morales relacionados con la matanza de animales para la alimentación, el movimiento de bienestar animal pretende asociar al animal como un ser sensible, frente al simple concepto de que son carne para nuestra alimentación. Los consumidores son inducidos a no asociar las piezas de carne en las carnicerías que compran con los animales vivos de la que son originarios. Entre la masacre y el consumo de carne hay toda una serie de pequeñas operaciones que tienden a oscurecer el momento exacto en que el animal comienza a convertirse en un alimento, y el animal y el producto final tiende a disociarse del proceso de matanza en sí.

En el acto de la compra de carne, los compradores no suelen ser testigos del sacrificio del animal, simplemente compran las partes del animal que quieren consumir. El mercado de la carne tiende a garantizar que el vínculo entre la carne y los animales de los que se deriva no se asocie en la mente del consumidor. Si esta conexión no es clara, no habrá una tendencia más amplia dentro de la población a abstenerse de estos alimentos. Por ejemplo, si al lado de unas piezas de carne de conejo pusieran fotos de conejos para identificar a la carne, una gran parte de los consumidores se echaría para atrás en la compra, ya que es un animal que tiene una imagen entrañable a los ojos de la mayoría de los seres humanos.

De hecho, los animales sacrificados para el consumo humano son tan sensibles como los animales explotados para quitarles la piel para el textil, la caza, torturado en rodeos, circos o como cebo, no importa con qué propósito fueron creados; del mismo modo, no existe una base científica para determinar si el dolor sufrido por los mamíferos tiene mayor intensidad que experimentado por aves o peces.

En términos de nutrición, la carne se compone principalmente de grasas y proteínas, y también se considera como una buena fuente de hierro, zinc, selenio y vitamina del complejo B, sin embargo, es un alimento pobre con respecto a la fibra y a los carbohidratos y más pobre todavía que las plantas si comparamos la mayoría de los minerales y vitaminas que aportan.

¿CÓMO AFECTA LA CARNE A TU SALUD?

Debido a que es un alimento rico en grasas y proteínas y bajo en fibra, hidratos de carbono, complejos vitamínicos y antioxidantes, la carne se asocia con una amplia variedad de enfermedades como la diabetes, arteriosclerosis, reumatismo, hipertensión, osteoporosis, anemia, enfermedades del corazón, enfermedades del riñón, enfermedades respiratorias, los accidentes cerebrovasculares, la esclerosis múltiple, ciertos tipos de cáncer, como el cáncer de colon y el cáncer de mama, y la obesidad.

Incluso la llamada "carne blanca", cuyo consumo es popularmente asociado con hábitos más saludables, están asociados con la aparición de estas enfermedades. Aunque la mayor parte de la carne blanca es baja en grasa, suele tener alguna incidencia sobre algunas de estas enfermedades porque estas no sólo se asocian a un exceso de grasa, sino también de proteínas.

El pollo, por ejemplo, tiene una mayor cantidad de proteína que la carne de vaca o de cabra. El consumo excesivo de proteínas se asocia con una mayor incidencia de diabetes, reumatismo, osteoporosis, anemia, enfermedad renal, accidente cerebrovascular y cáncer de colon.

Los consumidores de carne a menudo necesitan hacer correcciones en su dieta, disminuyendo de vez en cuando su ingesta de calorías, lo que restringe el consumo de ciertos alimentos. Los vegetarianos, por el contrario, rara vez tienen que recurrir a este tipo de correcciones debido a que su dieta está más equilibrada.

INICIARSE EN EL VEGANISMO

El vegetarianismo es el hábito de alimentación que hace uso de los productos e ingredientes exclusivamente de origen vegetal, con la abstención de todos los ingredientes de origen animal. La adopción del vegetarianismo puede ser visto por muchos como un tipo de alimentación o un inconveniente social. Los vegetarianos tienden a comer una mayor variedad de productos que los no vegetarianos, y esto en sí mismo hace del vegetarianismo una dieta menos restrictiva que la dieta convencional. Por esta razón hacemos hincapié en que el vegetarianismo no sólo significa la exclusión de la carne, la leche y los huevos de la dieta, pero también significa la inclusión de otros alimentos que seguramente ni conocía.

LOS REMPLAZOS

Las primeras preguntas que se le presentan a una persona por primera vez con el vegetarianismo son "¿Cómo reemplazar la carne?", "¿Cómo reemplazar los huevos?", "¿Cómo reemplazar la leche?"

Es necesario aclarar que en el campo nutricional estas sustituciones son absolutamente innecesarias. Con la excepción de la vitamina B12, que puede ser proporcionada en la forma de suplementos o alimentos enriquecidos, no hay otros nutrientes que están presentes sólo en los alimentos de origen animal y que no se puedan obtener en los alimentos de origen vegetal. Así que cuando hablamos de los reemplazos estamos hablando desde el punto de vista gastronómico.

La combinación de arroz y de frijoles con una buena ensalada es perfecta para satisfacer las necesidades nutricionales. Pero la comida es más que la nutrición, implica hábitos, preferencias y conveniencia.

Se pueden preparar platos vegetarianos con ingredientes poco convencionales, seguidos de combinaciones inusuales y complejas, pero también se pueden preparar de una manera sencilla y tradicional con ingredientes fácilmente disponibles. Esta es una cuestión de preferencia personal y de disponibilidad.

ADAPTARSE A LA NUEVA DIETA

Las familias omnívoras tienden a usar no más de diez platos que se repiten sucesivamente. La mayoría de estos platos se pueden adaptar fácilmente al vegetarianismo; y los que no se puedan ajustar siempre podrán ser sustituidos por otros platos.

Una manera bastante fácil llegar a ser vegetariano es analizar su menú actual. En este punto, algunas preguntas se deben hacer. "¿Yo como así?", "¿Mi menú es lo suficiente variado?", "¿De los alimentos de origen vegetal, cuáles me iría bien?".

En segundo lugar, es necesario identificar qué alimentos se consumen hoy en día que sean vegetarianos: habas, arroz, pasta, ensalada, sopa... Es posible que estos alimentos no sean realmente vegetarianos, ya que en muchos hogares las habas se cocinan con tocino o con manteca de cerdo o la masa de fideos puede tener huevos, pero esto se puede adaptar fácilmente al vegetarianismo.

Por ejemplo, la pasta con huevos y salsa de la tomate con carne molida puede sustituirse por pasta de sémola sin huevo con salsa de tomate, la cebolla y el perejil; las habas se pueden preparar con aceite de soja ...

Tercero, se pueden crear dentro de una dieta con este tipo de alimentos que ya consumimos de manera habitual, o se puede enriquecer aún más la dieta. Por lo tanto, una familia que siempre consumen habas varias veces por semana puede consumir otras legumbres (otras variedades de habas, lentejas, garbanzos, etc), a veces el arroz se puede sustituir por otro tipo de granos (arroz salvaje , el trigo sarraceno, cuscús, etc), la pasta que solía preparar con carne de vaca la puede sustituir por soja, la leche la puede sustituir por crema o leche de soja, el jamón y el queso se pueden eliminar de las ensaladas y sustituirlos por otros ingredientes que nunca hubiera utilizado antes como la rúcula, la acelga, la col rizada , la achicoria, la escarola, los rábanos, etc... la sopa puede recibir nuevos condimentos como por ejemplo los cubos de tofu.

En cuarto lugar, la sustitución eficaz de los alimentos de origen animal en la dieta. La necesidad de "sustituir" la carne, leche, huevos, miel, etc... se debe más en un contexto cultural y social que a un hecho real. Como se explicó anteriormente, las habas, el arroz y una ensalada son lo suficientemente buenas para satisfacer la mayor parte de nuestras necesidades nutricionales.

Lucas Cano Costas

Sin embargo, por diferentes razones, las personas no vegetarianas asocian un plato sin carne, pollo, pescado o queso como que es un plato de pobres necesita ser complementado para tener algo de "gracia".

Por ello se pueden encontrar en el mercado algunos sustitutos para la carne de animales que tienen un sabor y una textura muy similares. Estos son la proteína vegetal texturizada (TVP), generalmente obtenida a partir de la soja y del gluten de trigo. Hay TVPs pre-preparados para parecerse en sabor y en textura a los diferentes cortes de carne, pollo y pescado.

Las leches no lácteas también pueden parecerse a la leche tradicionalmente animal, especialmente en preparados que no se consumen en su estado puro. La leche puede ser obtenida de la soja, de los cereales como el arroz, la avena y semillas de sésamo, castañas, almendras, semillas de girasol, etc. En las preparaciones tales como los pasteles se pueden utilizar leche de coco o incluso el agua, ya que no afecta el resultado final.

Los huevos cuando se utiliza en preparados, tienen el simple propósito de dar consistencia al preparado. En las recetas que requieren uno o dos huevos, a menudo estos pueden ser reemplazados con dos cucharadas de agua por cada huevo. Otra opción es utilizar una o dos cucharadas de aceite vegetal por cada huevo o entre 30 y 50 gramos de tofu por cada huevo.

Una alternativa utilizada, especialmente en el caso de los alimentos fritos empanados es un preparado que contiene una cucharada de harina de soja o de maíz en vez de la harina convencional y añade dos cucharadas de agua por cada huevo. Los sustitutos del huevo de origen vegetal están disponibles comercialmente, por lo general en formulaciones en polvo.

En quinto lugar, el nuevo vegetariano deberá comprobar si hay nuevas recetas que se adapten mejor a sus preferencias personales. Hay numerosos libros de cocina vegetariana en el mercado diseñados para satisfacer todos los gustos: Rápida, platos regionales, internacionales, étnicos, centrados en los días festivos, fiestas religiosas, dulces, pasteles, pizzas, etc. Además, muchos sitios Web ofrecen recetas en Internet. Se recomienda que los principiantes opten por libros y los sitios web que se producen en sus países, teniendo en cuenta las preferencias, caprichos y la disponibilidad de los ingredientes a nivel local.

LOS RESTAURANTES PARA VEGANOS

A menudo, el principal obstáculo para la adopción del vegetarianismo es el inconveniente percibido de comer fuera de casa. Las personas que comen habitualmente comida fuera de casa y no tienen la facilidad de asistir a los restaurantes vegetarianos les puede resultar casi imposible adoptar este hábito de alimentación.

En la práctica, sin embargo, un vegetariano puede comer bien, incluso cuando se ve obligado a comer fuera y no tiene restaurantes vegetarianos cerca. Esto es especialmente cierto en los restaurantes de autoservicio, pero siempre se debe tener cuidado en relación con la preparación de alimentos, si se preparan con manteca de cerdo o con aceite vegetal. Incluso los restaurantes especializados en carnes tienen una barra de ensalada llena de opciones para los vegetarianos, y otras opciones.

Hay muchos sitios en Internet que informan acerca de la existencia de buenos restaurantes vegetarianos para los vegetarianos y muestran las ubicaciones de cada uno.

EL VEGANISMO DE MANERA ACTIVA

Aunque la abstención de los productos y servicios derivados de la explotación animal parece es una manera muy restrictiva llevar su vida adelante, la práctica del veganismo es relativamente simple y fácil, sobre todo en los grandes centros urbanos.

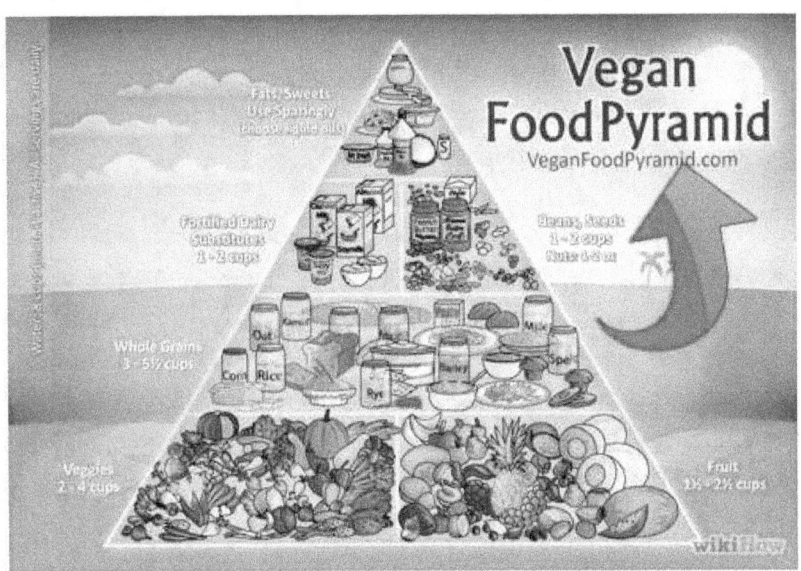

El Veganismo y la Vida Verde

Los veganos son principalmente vegetarianos. Esto significa que los veganos no deben consumir alimentos que contengan carne de ningún tipo animal (incluyendo aves, peces e invertebrados), los huevos, la leche, la gelatina, la miel u otros ingredientes de origen animal.

La mayor dificultad para no consumir estos alimentos es el hecho de que la mayoría de los productos industriales tienen uno o más de estos en su composición. Sin embargo, es importante que los productos que contienen estos ingredientes, incluso en pequeñas cantidades, sean boicoteados, optando por un producto que no lo contenga en su composición.

Muchos vegetarianos optan por no comer productos procesados de esta manera, evitar el consumo de alimentos cuya composición no se conoce bien. Esta elección es una elección personal, pero no ser una práctica tan inherente al veganismo. Cualquier ingrediente que no sea de origen animal, incluso los alimentos procesados, pueden ser consumidos por los vegetarianos.

Los veganos deben, siempre que sea posible, evitar el uso de productos probados en animales o que tengan ingredientes de origen animal en su composición. La experimentación con animales es una de las formas más crueles de la explotación animal, sin embargo, está bastante generalizado, especialmente en los productos farmacéuticos, de perfumería y los cosméticos. Sin embargo, diversas marcas y líneas de productos ya no utilizan elementos de origen animal ni utilizan animales para probar sus productos.

Lucas Cano Costas

El Veganismo y la Vida Verde

Los veganos también deben prestar atención a la ropa. Los zapatos y los accesorios de cuero, pieles, seda, lana, plumas y plumones son productos derivados de la explotación animal. Hay varias opciones en el mercado que reemplazan con más ventajas a estos artículos y no hay manera de justificar la necesidad de continuar esta explotación.

Del mismo modo, los veganos nunca deben entretenerse a costa de los animales. Los animales no se encuentran en los parques zoológicos y en los acuarios por elección; no se realizan actuaciones en los circos, porque así lo quieran estos, ni saltan en rodeos porque lo consideren divertido. Es obvio que estos animales están obligados a participar en estos "espectáculos" vergonzosos.

No hay manera de considerar las corridas de toros, carreras de animales, las peleas de gallos, la caza, la pesca y otras formas de tortura como deportes o eventos culturales. Son, más bien, las declaraciones groseras y crueles de la dominación del hombre sobre otras especies.

Aunque los veganos pueden proteger a los animales, debe haber toda una ética en cuanto a su adquisición. Los animales nunca deben ser adquiridos a través del comercio, el intercambio o permuta ni deben provenir de camadas producidas intencionalmente con el propósito de vender los cachorros. Con algunas excepciones, los veganos suelen adoptar animales abandonados, prefiriendo a los animales sin raza y con menos probabilidades de ser adoptado por otros tutores.

Lucas Cano Costas

Los veganos deben oponerse por igual a todas las demás formas de explotación animal.

SER VEGANO Y EL RADICALISMO

En cierto sentido, todos los pueblos del mundo son radicales. La mayoría de nosotros estamos radicalmente en contra de la violencia, radicalmente contra el abuso infantil, la injusticia ... No hay nada malo en ser radical en temas que consideramos justo.

Contrariamente a ser radical es ser moderado. Pero, ¿es siempre razonable ser moderado? ¿Qué imagen debe tener una persona que tiene una visión permisiva en cuestiones tales como la esclavitud, la violación y otros temas que rayan lo inhumano?

Sí, los veganos son radicales, porque no aceptan de ninguna manera la explotación animal, y no aceptan de ninguna manera la exploración humana. No aceptan que los medios de comunicación no hagan algo al respecto, incluso si eso significa cuestionar el modo de vida al que estamos acostumbrados.

Todo el sistema de producción está sujeto a las leyes del mercado, incluyendo los sistemas de producción que involucran la explotación animal. La cadena de producción implicada en este proceso incluye al productor o criador, al transportista, al procesador o matarife, al distribuidor, al comercializador y el consumidor. Todos estos son eslabones importantes en la cadena de la explotación animal y la falta de cualquiera de estos enlaces compromete todo el funcionamiento del sistema.

El Veganismo y la Vida Verde

Se puede decir que una persona que participa en esta cadena es tanto consumidor como responsables de la muerte del animal, por ejemplo, de la matanza, ya que es un sistema de funcionamiento cíclico y son dependientes. Al igual que con cualquier crimen, el consumidor no es la mano que da el golpe, pero es tan responsables como los matarifes que matan a los animales para el consumo humano. Si la gente no comprara carne, leche y huevos no habría interés en su producción, transporte y comercialización.

El propósito principal del veganismo es actuar como una fuerza de mercado. El vegano previene con eficacia que más animales sigan siendo explotadas, haciendo boicot a los productos de origen animal, los que hayan sido probados en animales o que de alguna manera sean derivados o resultantes de la explotación animal. Por lo tanto existe la necesidad de divulgar el veganismo para lograr que el mayor número posible de personas dejen consumir productos de origen animal y con ello evitar miles o millones de muertes violentas y de maltratos a animales. El objetivo del veganismo es poner fin a la explotación animal.

¿Qué se puede hacer? El primer paso necesario para alcanzar el camino del veganismo y de los derechos de los animales es convertirse en veganos nosotros mismos, la adopción de esta forma de vida. A lo largo de nuestro camino nos encontramos con personas que dicen que respetan los derechos de los animales, pero si ellos mismos no se hacen veganos no podremos decir que en realidad estén defendiendo los derechos de los animales. El veganismo es el primer paso a dar, pero no el último.

Lucas Cano Costas

Sólo educándonos podemos adoptar un veganismo consciente. El veganismo sin conciencia no es más que una fase efímera de la vida.

El segundo paso es formar parte de los locutores de esta forma de vida. El veganismo siempre debe ser difundido a través de la educación y no por coacción, ni campañas de violencia ni de mal gusto. La información transmitida al público siempre debe ser confiable y estar bien fundada, porque el veganismo debe ser algo atractivo y no repulsivo, debe ser inclusivo y no restrictivo.

¿POR QUÉ ELEGIR EL VEGANISMO?

Un número cada vez mayor, los médicos recomiendan a las personas que reduzcan su consumo de carne y que coman más verduras. Sin duda es un buen consejo, y los que toman medidas significativas para reducir el consumo de carne hasta dejar el consumo y abrazar una dieta vegana están descubriendo que no sólo está mejorando su salud - y estamos hablando de reducir significativamente los riesgos para las cuatro principales causas de muerte – sino que también están descubriendo otros beneficios sorprendentes.

Echemos un vistazo a los beneficios con un poco más de detalle.

REDUCE EL RIESGO DE SUFRIR CÁNCER

La comida vegana ha demostrado ser efectiva para prevenir no sólo ciertos tipos de cáncer, sino también revertir el cáncer en algunos pacientes que están lidiando con la enfermedad. Un estudio publicado en Medical News Today mostraba como los hombres que están en las primeras etapas del cáncer de próstata fueron capaces de detener el progreso del cáncer y en algunos casos fueron capaces de revertirlo. (Fuente:

http://www.medicalnewstoday.com/releases/28979.php).

El cáncer de colon es otro cáncer que comúnmente se reduce o se elimina por una dieta que es rica en fibra, frutas y verduras. Además, en los países donde el consumo de carne y de productos animales es bajo, las mujeres tienen una tasa mucho menor de cáncer de mama.

REDUCE EL RIESGO DE DIABETAS

La diabetes tipo II es causada por la resistencia a la insulina, que es un resultado común de la obesidad y de un dieta basada en carbohidratos con almidón y alimentos grasos. Por el contrario, una dieta que tiene una base de frutas, verduras y plantas es baja en grasa y no sólo ayuda a controlar los niveles de azúcar en la sangre, sino que se ha demostrado que contribuye a la pérdida de peso.

REDUCE EL RIESGO DE SUFRIR ENFERMEDADES CARDIOVASCULARES

Las plantas no contienen ni el mismo tipo ni el volumen de grasas saturadas que los productos en animales. Los lácteos y la carne son particularmente altos en grasas saturadas. Si bien algunas verduras contienen de grasas saturadas - como los aguacates y las nueces - estas grasas en particular han demostrado ser realmente muy beneficiosas. Cuando la gente comienza una dieta vegana y eliminan los productos de origen animal de su vida, su colesterol disminuye, su presión arterial a menudo también se estabiliza y su cardiovascular salud mejora.

Hay un efecto acumulativo que reduce el riesgo de que un vegano sufra una enfermedad cardiovascular. Más frutas y hortalizas significa más nutrientes y más fibra en una dieta. Combine eso con la reducción del colesterol y de las grasas saturadas y obtendrá una combinación ganadora.

En un estudio publicado en la American Journal of Clinical Nutrition, http://ajcn.nutrition.org/content/89/5/1627S, "el plasma total y el colesterol LDL fueron sobre el 32% y un 44% inferior entre los veganos que entre los omnívoros. Dado que la obesidad es un factor de riesgo significativo para las enfermedades cardiovasculares, la media sustancialmente menor del IMC observada en los veganos puede ser un importante factor de protección para la reducción de lípidos en la sangre y reducir el riesgo de enfermedades del corazón.

Los veganos, en comparación con los omnívoros, consumen sustancialmente mayores cantidades de frutas y verduras. Un mayor consumo de frutas y verduras, que son ricas en fibra, ácido fólico, antioxidantes y fitoquímicos, se asocia con menores concentraciones de colesterol en la sangre y con una menores incidencias de accidentes cerebrovasculares, y con ello, un menor riesgo de mortalidad por accidente cerebrovascular y de cardiopatía isquémica.

Los veganos también tienen un mayor consumo de cereales integrales, de soja y de nueces, todos los cuales ofrecen efectos cardioprotectores significativos."

MEJORA NUESTRO PELO, PIEL Y UÑAS

Muchos de los nuevos veganos están sorprendidos por la mejora notable de su cutis. Como usted podría sospechar, existen muchas razones para esto. Muchas personas son sensibles a las proteínas de la leche, pero no suelen darse cuenta de ello. Una vez que se eliminan estos alimentos de su dieta, su sistema inmunológico y su sistema digestivo ya no tienen que luchar. El resultado es una mejoría de su estado de salud en general y de su piel en particular, que siempre es una buena señal de su salud. Cuando se ve saludable y radiante usted sabe que está haciendo algo bien. Su cabello y las uñas son también un signo de buena salud.

Los nutrientes suministrados por el usuario a su cuerpo a través de una dieta vegetariana tienen un impacto significativo en su salud, como un mejor sueño, más energía, menos dolores de cabeza y reducción de alergias. Los estudios han demostrado que los veganos no sólo gozan de más energía y de un mejor sueño, sino que también viven durante más tiempo. De hecho, varios estudios han sugerido que viven un promedio de entre tres y seis años más que los omnívoros.

Además, muchos veganos reportan una reducción en sus síntomas de alergia, incluso menos congestión y menos secreciones de la nariz. Esto puede ser debido a una disminución de alérgenos que entran su cuerpo o puede ser que simplemente tienen un sistema inmunológico más fuerte debido a su dieta rica en nutrientes. También reportan menos dolores de cabeza, incluyendo migrañas. Otros beneficios que se han reportado por numerosos veganos son:

- Mejora la vista y tienen menor riesgo de enfermedades degenerativas del ojo;

- Mejor enfoque y función neurológica;

Lucas Cano Costas

- Reducción del riesgo de artritis y reducción de dolor de la artritis;

- Reducción del riesgo de osteoporosis.

¿CUÁLES SON LAS DESVENTAJAS DE UNA DIETA VEGANA?

Cuando se trata de la salud, la dieta vegetariana tiene algunas desventajas. El desafío más grande para las personas que hacen dieta vegana es consumir suficientes aminoácidos esenciales y proteínas. Un aminoácido esencial es un nutriente que el cuerpo necesita consumir porque no puede producirlo por sí mismo. Los aminoácidos son necesarios para el cuerpo para producir enzimas y para la función celular.

La forma más fácil de consumir un aminoácido esencial y completo es comer carne. La carne, los huevos y los productos lácteos son fuentes de aminoácidos esenciales. Sin embargo, los veganos no comen esos alimentos, ¿no? Así que, ¿qué pueden hacer?

Bueno, hay alimentos de origen vegetal que se pueden combinar para obtener una fuente completa de aminoácidos esenciales. Por ejemplo, las habas y el arroz proporcionan una proteína completa. Esto significa que con la debida atención a su dieta y planificando las comidas, los veganos pueden asegurarse de que le están dando a su cuerpo las proteínas y los aminoácidos esenciales que necesita.

El otro nutriente común que está ausente de la dieta de un vegetariano es la vitamina B12. Esta se toma fácilmente con un suplemento de vitamina B o con el consumo de alimentos enriquecidos. El calcio y la vitamina D son otros nutrientes que un vegano tiene que asegurarse de añadir a su dieta.

Mientras que las ventajas para la salud de una dieta vegana son sustanciales, una dieta vegana proporciona beneficios más allá de la mejora de la salud y la vitalidad. También produce beneficios ambientales.

EL VEGANISMO Y EL MEDIO AMBIENTE

El medio ambiente, tenemos que pagar un alto coste para criar animales para la alimentación. La ganadería en América del Sur, que está clasificada globalmente como la segunda industria regional más perjudicial para el medio ambiente (el carbón es el primero), y es responsable de alrededor de 354 mil millones dólares de daños al medio ambiente al año. (Fuente: http://www.environmentalleader.com/2013/04/17/coal-cattle-ranching-most-environmentally- costosas-negocios/). El daño ambiental viene de las emisiones, seguido de la contaminación del suelo y del agua y de los residuos. De hecho, aproximadamente un tercio de todas las materias primas y la mitad del agua utilizada en la Estados Unidos se usa para criar animales para el consumo humano.

La agricultura es la mayor responsable de la contaminación en América del Norte y se estima que es responsable del 85% de la erosión del suelo en los EE.UU. Puede que se sorprenda al saber que el 87% de las tierras agrícolas en los Estados Unidos se dedican a la cría de animales por parte de los productores de carne. Y esos animales producen gas metano que tiene un impacto decididamente significativo en calentamiento global.

Se ha reportado sobre que el ganado produce hasta veinte veces más residuos de lo que produce toda la población humana. Eso asciende a más de doscientos treinta mil libras de desechos de animales cada segundo. Mientras esto puede no ser sorprendente para usted, puede ser que usted no tenga conocimiento de que veinticinco mil kilómetros cuadrados de árboles y de bosque tropical se destruyen cada años para criar animales para el consumo humano. (Fuente: http://voices.yahoo.com/the-environmental-costs-?cat-ganadería-agricultura industrial-249231.html=5).

Estos son los inconvenientes de vivir y de participar en una sociedad predominantemente carnívora. Sin embargo, como usted bien sabe, cada persona puede tener un impacto significativo sobre el medio ambiente. Reduciendo la cantidad de productos alimenticios de origen animal que consume, usted ya está ayudando a mejorar el medio ambiente. Los autores de un estudio de la Universidad de Chicago llegaron a la conclusión de que sería ambientalmente más beneficioso tener una dieta vegana que modificar los coches para que sean híbridos de gasolina y electricidad, ya que de la mayoría de emisiones se producen por la cría y distribución de ganado.

Si todo el mundo fuera vegetariano sólo durante un día, los EE.UU. haría:

- Ahorraría 100 mil millones de galones de agua;
- Ahorraría 70 millones de galones de gas;

Lucas Cano Costas

- Ahorraría 3 millones de acres de tierra;

- Prevendría 1,2 millones de toneladas de emisiones de CO2; y

- Evitaría que 3 millones de toneladas de la erosión del suelo y los 70 millones de dólares en daños económicos derivados. (Fuente: http://www.kathyfreston.com/kathy_freston_ask_any_qu estion.html # abuso)

Y si bien no es sólo de un coste ambiental, libra por libra, caloría por caloría, es mucho más barato ser vegano. La carne y los productos lácteos son los artículos más costosos de los productos de un supermercado. La libra de zanahorias puede costar sólo un dólar o dos. Un kilo de carne cuesta alrededor de seis dólares, y el precio va en aumento debido al aumento del coste de la producción.

Una razón adicional es que muchas personas que recurren a una dieta vegana es porque no le gusta la crueldad animal. Después de ver películas como Food, Inc. y aprender más acerca de cómo se produce nuestra comida, su actitud y su percepción de los alimentos a base de animales puede cambiar.

DEFENDER LOS DERECHOS DE LOS ANIMALES

Los animales tienen derechos, incluso si la ley permite su explotación debido a que las leyes civiles están sujetas a los intereses del legislador. Las leyes están sujetas al espíritu de la época, la moral de la época, las fronteras geográficas, la cultura de cada pueblo, etc...

De esto se deriva que lo que está reflejado en la ley a menudo no suele ser ni razonable ni justo.

Los animales deben disfrutar de los derechos universales, aunque ninguna sociedad humana lo reconozca. Este es un derecho que debe ser reconocido y difundido, para intentar contradecir al relativismo cultural y a los conceptos religiosos.

Los seres humanos y los animales tienen intereses básicos, la mayoría de los animales, como los humanos, son capaces de sentir el dolor, el miedo, la frustración, el hambre, etc... y del mismo modo que consideran que el dolor es inmoral y que causa miedo, frustración, debemos tener en cuenta en relación con los animales. Está claro que los humanos y los otros animales son diferentes, y que las especies de animales son diferentes entre sí, pero estas diferencias no se deben tomar en consideración con respecto a estos derechos básicos, de igual manera que los humanos hacemos al rechazar la xenofobia, la homofobia o el racismo, entre otros.

Negar los derechos básicos a los animales es cuestionar la validez de ciertos derechos al ser humano, porque todo argumento que se opone a la concesión de derechos a los animales también se puede aplicar a los humanos. Si actualmente podemos explotar a los animales, por que son diferentes a nosotros, con este mismo argumento podría usar, como ya se hizo en el pasado, al ser humano para explorarlo. Los humanos tenemos gran una variedad de formas y tamaños, colores, capacidades intelectuales, a nivel social, hay humanos considerados inválidos, humanos que hablan otros idiomas, humanos con limitaciones físicas, etc.

Lucas Cano Costas

El Veganismo y la Vida Verde

Si lo que nos hace sujetos de derecho es un alma, nuestra creencia en Dios, nuestro idioma, nuestra auto-conciencia o nuestra inteligencia, seguramente muchas personas no gozan de los mismos derechos por que profesan otras religiones o fueron ateos o simplemente porque no hablan un idioma en concreto o porque tienen limitaciones que no les permiten tener conciencia de sí mismo o de tener una inteligencia más baja de lo común. Por otro lado, no se puede afirmar categóricamente que los animales no conciben la existencia de diversas identidades o culturas animales, o que no tienen alma, porque se trata de un concepto empírico que no se puede medir. Los animales tienen su propio idioma, a menudo poseen una mayor capacidad intelectual que muchos seres humanos y suelen realizar muchas demostraciones de la autoconciencia.

A pesar de todas las diferencias entre los seres humanos, somos conscientes de que todos tienen en común los sentimientos, la voluntad de preservar la vida, la integridad física y la libertad. Lo mismo puede decirse de los animales.

Lucas Cano Costas

LA LUCHA CONTRA LA CRUELDAD ANIMAL

En los Estados Unidos, más de 27 mil millones los animales son sacrificados para la alimentación anualmente. Los animales que se crían para la alimentación, en general, no suelen ser tratados de manera humana y compasiva. A continuación vamos a enumerar algunas de las prácticas comunes que realizan las empresas que se dedican a la producción y distribución de carne:

- Cortar los picos a los pollos.

- Castración de vacas y cerdos machos sin anestesia porque los analgésicos cuestan dinero.

Lucas Cano Costas

- Viviendas para todos los animales en la oscuridad y llenos de animales sin espacio para moverse ni espacio para tener una experiencia de vida sol o simplemente respirar aire fresco.

- La alimentación del ganado contiene una gran cantidad de antibióticos, ya que se pasan la vida revolcándose en sus propios residuos llenos de enfermedades. Estos antibióticos son luego consumidos indirectamente por las personas que comen a estos animales, y pueden estar contribuyendo a una resistencia a los antibióticos a nivel mundial.

- La masacre y la preparación en la fábrica, a menudo, se llevan a cabo en frente de los otros animales, mientras que los animales están vivos. Algunas personas creen que las emociones negativas experimentadas por los animales durante su masacre se retiene en la carne, que es luego consumidos por la gente. Su teoría es que el consumo de esta energía negativa no es buena para salud o para la vitalidad.

La solución es bastante simple. Al cambiar a una dieta vegana, puede ahorrar más de 100 animales al año. Sean cuales sean sus razones para querer adoptar un estilo de vida vegano, el primer paso es comenzar a reemplazar los alimentos viejos, como la hamburguesa y la leche, con alimentos veganos como frijoles y soja. Los veganos pueden vivir una vida muy satisfactoria comiendo alimentos deliciosos. Todo empieza con una despensa bien surtida.

Lucas Cano Costas

LA ALIMENTACIÓN DE LOS VEGANOS

Si te gusta cocinar, entonces es probable que su despensa ya esté bien surtida en su camino de convertirse en una gran despensa vegana. Los cambios más importantes que hará son en sus fuentes de proteínas. Porque las habas son una excelente fuente de proteínas y proporcionan una proteína completa cuando se consume con arroz, vamos a empezar su despensa vegetariana con frijoles.

LAS HABAS

Las habas pueden convertirse muy fácilmente en su fuente de proteína principal. Son fáciles de cocinar, proporcionan proteínas y fibra, y hay casi tantos tipos de granos diferentes, que se parece a una caja de lápices de colores. A la hora de comprar frijoles, estos se pueden comprar enlatados o secos.

Si va a cocinar las habas secos, estos tienden a tener un poco más gases de que los otros frijoles, por ello considere usar una olla a presión. Cocinar las habas en una olla a presión rompe la lectina, que es la principal causa de los problemas digestivos de los granos.

Al comprar frijoles enlatados, busque las habas que no tienen aditivos y que incluyen, sin coste, adicional sal o azúcar.

A continuación vamos a ver algunos tipos de frijoles para añadir a su despensa:

- Las habas negros

- Lentejas guisantes de ojo negro

- Garbanzos

- Grandes habas norteñas (cannellini)

- Habas rosadas

- Habas pintas

- Habas rojas o guisantes partidos

GRANOS ENTEROS, GRANO DE HARINAS

Los granos enteros son otra fuente principal de proteína y fibra. Si usted compra a granel, asegúrese de guardarlas en su refrigerador. Considere la adición de los siguientes cereales y harinas para su despensa:

- Cebada

- Bulgur

- Cuscús

- Millet

- Arroz

- Quinoa

- Granos de trigo,

- Triticale

- Harina de maíz

- Quinoa teff

- Harina de arroz

- Harina de tapioca

- Harina de escanda

- Harina de trigo integral

Lucas Cano Costas

ACEITES Y SALSAS, ESPECIAS Y CONDIMENTOS

Una de las mejores características de la cocina vegana es la abundancia de sabores que llegaremos a disfrutar y experimentar. Considere la adición de los siguientes elementos para su despensa:

- El aceite de coco

- El aceite de oliva

- Aceite de sésamo oscuro

- El aceite de oliva virgen extra cártamo, girasol u otro aceite ligero con sabor

- Salsa de soja o tamari

- Vinagre balsámico

- El vino tinto y vinagre de vino blanco

- Vinagre de arroz

- El vinagre de manzana

- Salsa Barbacoa

- Salsa de pastas

- Aderezos para ensaladas

- Salsa de maní tailandés

- Salsa de Curry

Lucas Cano Costas

El Veganismo y la Vida Verde

- Miso

- Mostazas

- El aceite de chile y pegar

- Tahini

- Caldo de verduras

- La levadura nutricional

- Especias - tantas como quieras

- Salsa de tomate, los tomates picados y la pasta de tomate

- Mayonesa vegana

- La leche de coco enlatada

Lucas Cano Costas

PASTAS

Siempre es una buena idea tener las pastas y los fideos a mano. Y hay una gran variedad para elegir y dan bastante consistencia a una comida. Considere lo siguiente:

- Pasta de sémola

- Pasta de Arroz

- Fideos de trigo sarraceno

- Pasta Kelp

- Sopa de fideos de rosca de haba

Lucas Cano Costas

SEMILLAS Y FRUTOS SECOS

Los frutos secos, las frutas y semillas son unos aperitivos excepcionales. También son excelentes para rellenar ensaladas. También, las mantequillas de frutos secos son muy sabrosas y pueden mejorar un bocadillo o se puede untar en las tostadas del desayuno. Las nueces y semillas son altas en fibra y proteínas, así como una buena fuente de grasas saludables. Unos buenos productos para su despensa serían:

- Tahini (a base de semillas de sésamo y se añade a los garbanzos mezclados para un delicioso hummus dip)
- Mantequilla de almendra
- Mantequilla de maní
- Las semillas de cáñamo
- Cacahuetes
- Anacardos
- Nueces
- Las pacanas
- Semillas de girasol
- Semillas de calabaza
- Piñones

- Las semillas de chía - con alto contenido de ácidos grasos omega

- Las semillas de lino - también es alto en ácidos grasos omega

- Cerezas secas

- Manzanas secas

- Albaricoques secos

<u>FRUTAS, VERDURAS Y VEGETALES</u>

Ninguna despensa está completa sin las patatas, el ajo, la cebolla y las patatas dulces. También considere la adición de chalotes a su lista, y una buena variedad de patatas, incluyendo la roja, jóvenes, añejas y papas moradas. Cada tipo de patata proporciona nutrientes diferentes.

También hace falta decir que seguramente usted querrá llenar tu despensa con gran abundancia de frutas y verduras. Tenga siempre a mano verdura de hojas verdes, como la espinaca y la col rizada, porque son ricas en nutrientes. Tenga en cuenta también que es bueno probar fruta o verdura nueva cada semana para ayudar a que su dieta se mantenga muy completa y variada.

Las proteínas vegetales incluyen el tofu, el tempeh y el seitán. El seitán es en realidad gluten de trigo, por lo que si tiene sensibilidad o problemas con el gluten no lo coma. El tofu y el tempeh están hechos de soja. El tempeh está fermentada y se considera que es muy saludable. El tofu es fácil de cocinar y generalmente agarra el sabor de lo que usted está cocinando con el. La soja es uno de los cultivos modificados genéticamente más comunes. Si usted está buscando las variedades no transgénicas sólo tendrá que buscar tofu orgánico.

El TVP, textured vegetable protein o proteína vegetal texturizada es otro tipo de proteína que necesitará añadir a su despensa. Esta soja puede ser utilizada para hacer una gran variedad de comidas, incluyendo las "hamburguesas".

ALTERNATIVAS A LOS PRODUCTOS LÁCTEOS Y AL HUEVO

La leche de vaca no es vegana. Si usted bebe leche de vaca o disfruta con el queso seguramente querrás consumir alguna variedad alternativas a los lácteos. Considere lo siguiente:

- Leche de coco
- La leche de arroz

Lucas Cano Costas

- La leche de cáñamo

- La leche de almendras

- La leche de soja

- Productos de queso de soja

- Sustitutivo de huevo, importante para hornear

OTROS ESENCIALES

- Panes: asegúrese de que no hay huevos o productos lácteos en el pan. Busque etiquetado "vegan"

- Tortillas (maíz y harina): Una vez más, asegúrese de que sean veganos. Muchas tortillas usan mantecas como un ingrediente

- Pita o naan

CONSEJOS PARA LOS VEGANOS

Hay muchos retos para la adaptación de un estilo de vida vegano. Algunos de estos serán más fáciles de superar que otros. Por ejemplo, a usted le resultará fácil discutir sus opiniones con la de los consumidores de carne, pero seguramente llevará peor el tema de tener que encontrar alimentos que sean estrictamente vegetarianos. Echemos un vistazo a algunos de los retos y consejos más comunes que le ayudarán a maniobrar a través de ellos.

No hay sustitutivos veganos que sean "amigables". Hay algunas áreas que serán un reto para usted, esto es tener que encontrar una opción vegana acertada. Esto sucede a menudo en los restaurantes donde la carne es la única opción del menú. La buena noticia es que aumenta la conciencia vegana, y cada vez existen más restaurantes que están ofreciendo elementos veganos en su menús. Considere hacer una lista de restaurantes que ofrezcan menús vegetarianos para poder ir a comer o cenar con sus amigos y familia sin mucha dificultad.

Cuando esté en el supermercado, la clave para encontrar sustitutos amigables veganos es aprender a leer las etiquetas. Por ejemplo, existen muchos alimentos a base de soja como el yogur y el queso que todavía pueden contener productos lácteos. Algunos condimentos y salsas tienen caseína en ellos, que es una proteína de la vaca de leche.

El Veganismo y la Vida Verde

Adaptar sus papilas gustativas. Mientras que los alimentos vegetarianos son deliciosos, le puede resultar difícil adaptar su paladar a algunas de las opciones veganas. Por ejemplo, una hamburguesa de granos no se puede comparar con una hamburguesa de ternera. Incluso en las mejores condiciones, deberá adaptarse a ser capaz de dejar de lado las ideas preconcebidas sobre lo que supone como sabe algo. Una hamburguesa de vegetariana o vegana puede no saber como una hamburguesa, pero todavía puede ser un comida sabrosa.

Si usted se ve que está luchando, reconsidere la situación de un estilo de vida vegano. Trate de vivir sin carne durante un día o por lo menos en la mayoría de sus comidas. Muchos nutricionistas recomiendan no consumir carne antes de las 17:00. Entonces la cena sería la única comida del día, donde se consumen productos de origen animal. A medida que sus papilas gustativas y estilo de vida se adaptan, usted puede comprobar que es mucho más fácil ser vegano de lo que inicialmente pensaba.

Expectativas Sociales. Vivimos en una sociedad en el consume de carne a gran escala. Usted puede hacer frente a la crítica y someterse a los juicios y comentario de sus amigos y familiares debido a sus opciones de alimentación. Hay dos formas básicas para afrontar estar situaciones.

Lo primero es explicar por qué tomó la decisión de vivir un estilo de vida vegano y compartir lo mucho que está disfrutando de su vitalidad, el su bienestar y de los sorprendentes Pancakes de Tiramisu

Lucas Cano Costas

que ha desayunado hoy. O usted puede decirles que es su elección y que sólo tienen que respetarla.

La manera de aceptar las críticas dependerá de su personalidad y de con quién está tratando.

Planificación de las comidas. Para estar saludable es importante planificar la alimentación para asegurarse de que está recibiendo las suficientes verduras y fibra. Muchos veganos sin querer caen en el hábito de carbohidratos con almidón porque el pan y las magdalenas son fáciles y convenientes. Trate de encontrar algunas buenas recetas y libros de cocina vegana y empiece a experimentar. Se sorprenderá por las muchísimas recetas deliciosas que encontrará y descubrirá muchos sabores extraordinarios que no habría descubierto sino fuera por su elección vegana. Le aseguro que con el tiempo usted nunca se sentirá como que se esté privando a sí mismo de nada ni que se esté perdiendo nada especial, más bien al contrario, se dará cuenta de que su elección, aparte de ser la más saludable, culinariamente hablando es la mejor opción por la enorme variedad de alimentos y de sabores que descubrirá.

Antojos. Los antojos le pueden suceder alguna vez durante la transición a un estilo de vida vegano. Muchas personas que consumen una gran cantidad de productos lácteos descubren que realmente pierden el sabor y la cremosidad de la lechería. Pruebe a ir a la sección de no lácteos del congelador de su supermercado. Los productos a base de leche de coco son muy cremosos y tienen una textura similar. Los aguacates también son una delicia porque son altas en grasa, como la leche y tienen una textura cremosa cuando están machacadas. Si estás deseando una hamburguesa, pruebe una hamburguesa vegetariana con lechuga, tomate, cebolla y otros condimentos veganos.

Consideraciones finales para su estilo de vida libre de crueldad animal. Si está luchando para abrazar completamente un estilo de vida vegano tenga paciencia consigo mismo. No tiene por que ser todo o nada. Conozca sus factores desencadenantes y haga ajustes sobre la marcha. Puede que desee encontrar a un amigo vegano o participar en algún foro online como apoyo y motivación.

Vivir un estilo de vida vegano es gratificante y es un cambio de vida que hará que usted sea más feliz con lo que está haciendo. Recuerde sus razones para cambiar sus hábitos alimentarios. Estás viviendo un estilo de vida mucho más saludable. Estás mejorando el medio ambiente y que le está evitando a millones de animales una vida y una muerte realmente cruel e innecesaria.

EJEMPLO DE POSTRES

MUFFIN DE PLÁTANO Y CHOCOLATE

Ingredientes

- 1/2 taza de leche de coco

- 1/2 taza de plátano maduro (alrededor de 1)

- 1/3 taza de aceite de canola (yo usé girasol)

- 1 cucharadita de extracto de vainilla

- 3/4 taza de azúcar moreno

Lucas Cano Costas

- 1 taza de harina

- 1/3 taza de cacao en polvo

- 3/4 de cucharadita de bicarbonato de sodio

- 1/2 cucharadita de polvo de hornear

- 1/4 cucharadita de sal

- 1/8 cucharadita de canela

Método de preparación

Precaliente el horno a 180 grados. En un tazón pequeño, machaque el plátano con un tenedor. Mezcle la leche de coco, el azúcar, el aceite y el extracto de vainilla hasta que se mezclen, agregue el puré de plátano y mézclelo todo un poco más. En un bol, tamice la harina, el cacao en polvo, bicarbonato de sodio, el polvo de hornear, la canela y la sal. Haga un hueco en el centro de los ingredientes secos y vierta en la mezcla de plátano.

Revuelva hasta que esté suave, procure no mezclar en exceso.

Vierta la masa en moldes para muffins, llenando cada uno con 2 o 3 cucharadas de masa. Hornee 18-20 minutos o hasta que al insertar un palillo en el centro salga limpio. Sáquelos del horno y déjelos enfriar completamente.

PASTEL DE PLÁTANO Y COCO

Receta del libro: "Regali golosi", dice Sigrid Verbert

Lucas Cano Costas

Ingredientes: para 12   porciones

- 240 gramos de harina de trigo

- 4 plátanos Maduro

- 100 gramos de azúcar moreno

- 60 ml agua

- 3 cucharas (sopera) de coco rallado

- 1 cuchara (sopera) de levadura en polvo

- 1/2 cucharadita (pequeña) de sal

- una vaina de vainilla

Método de preparación

Batimos el plátano en la licuadora o batidora hasta que quede homogéneo y cremoso. Después de batir el plátano, añada agua con azúcar y la vaina de vainilla. Después añada la   harina, la levadura en polvo y la sal. Vierta la mezcla en un plato para hornear de 20x20 cm y espolvoree el coco rallado por encima. Ponga el plata en el horno precalentado a 180 °C durante 40 minutos o hasta que el pastel tenga un tono dorado. Después sacarlo del horno y déjelo enfriar.

LA BOTICA VERDE

Las vitaminas sólo han existido desde aproximadamente la década de 1900. Antes de ese momento, los alimentos que teníamos a mano eran una fuente suficiente para satisfacer nuestras necesidades de vitaminas.

En algunas culturas se dieron cuenta, sin embargo, que ciertos alimentos satisfacen las necesidades específicas. Por ejemplo, los antiguos egipcios pensaban que el consumo de hígado podría ayudar a curar la capacidad de una persona para ver en la noche; es decir, la ceguera, los médicos achacan las ceguera como el resultado de la deficiencia de vitamina.

Con el fin de no dejar piedra sobre piedra, a continuación echaremos un vistazo a los remedios a base de hierbas que se remontan de generaciones ancestrales. Y echaremos un vistazo a las vitaminas antioxidantes, las fuentes naturales de vitaminas y minerales más importantes, los beneficios de los extractos suplementarios, las vitaminas naturales vs las vitaminas sintéticas, para una visión completa de la evolución de las vitaminas para satisfacer la necesidades de la humanidad.

LAS HIERBAS

Las hierbas se han utilizado durante miles de años para curar todo tipo de enfermedades, dolores y dolencias. Al igual que la gente lo hizo hace mucho tiempo, hoy en día también se puede tratar con seguridad de una amplia variedad de cosas con hierbas o extractos de hierbas que usted puede encontrar en su patio trasero, en las tiendas naturistas o en internet. A continuación veremos una lista de hierbas comunes utilizadas para remediar todo tipo de dolencias, desde quemaduras a dolores de cabeza.

ALOE VERA

El Aloe Vera es quizás más conocido por ser un excelente tratamiento para las quemaduras de sol sobre la piel gracias a sus magníficas propiedades revitalizantes. Algunos de sus usos menos conocidos incluyen ayudar al sistema digestivo y al mantenimiento de los niveles de energía. También se consume de forma común como un suplemento de vitaminas y minerales ya que contiene grandes cantidades de las vitaminas que necesita. El Aloe Vera típico es el que se vende en forma de gel para su uso sobre la piel y para las quemaduras solares y en una forma bebible para su uso como un suplemento dietético.

LAS BAYAS DE ESPINO

Las Bayas de espino son más bien conocidas por los efectos positivos que tienen sobre el sistema circulatorio y el corazón.

Esta baya está repleta de vitamina C y de vitamina B y por lo general se puede consumir durante un largo período de tiempo ya que posee grandes beneficios para su organismo. La mayoría de las tiendas naturistas la ofrecen en estado líquido y en forma de cápsula cuando el cuerpo la asimila mucho más fácilmente que en el estado líquido.

EL CARDO DE LECHE

El cardo de leche es un poderoso antioxidante que ayuda al hígado y se ha demostrado en muchos estudios que ayuda a todos los problemas relacionados con el hígado, incluyendo la enfermedad hepática relacionada con el alcohol. El compuesto más importante en el cardo de leche, es el silymanin, y puede ser que a su cuerpo le resulte difícil absorberlo y es más eficaz cuando se toma en la forma más fuerte que encuentre disponible.

SUMA

Suma también se conoce como una forma de ginseng de Brasil y se ha utilizado tradicionalmente por una gran variedad de razones, entre ellas: la lucha contra la fatiga, ayuda al sistema inmunológico y ayuda a mantenerse libre de estrés. Suma se suele consumir como té, pero también está disponible como una pastilla suplementaria.

JENGIBRE

El jengibre es un excelente remedio para los malestares estomacales y ha sido utilizado como un remedio para las mujeres embarazadas que experimentan náuseas matutinas o las náuseas. También se usa comúnmente para tratar la inflamación y el dolor de la artritis. El jengibre se suele consumir como té u otra bebida para tratar las náuseas. Sin embargo, se ha utilizado en la cocina de todo el mundo como un aditivo de sabor.

EL COHOSH NEGRO

El cohosh negro ha sido objeto de muchos estudios exitosos que demuestran que ayuda a reducir la severidad de los síntomas de la menopausia de las mujeres, incluyendo la reducción del efecto de los sofocos. Sus productos químicos saludables ayudan a regular y a equilibrar las hormonas de una mujer para que esta no experimente la intensidad normal de síntomas de la menopausia. Por lo general, el cohosh negro se toma como píldora suplementaria, y está disponible en la mayoría de tiendas de alimentos saludables.

LAS VITAMINAS ANTIOXIDANTES

¿Sabe usted que las vitaminas antioxidantes ayudan a detener ciertas enfermedades, que van desde enfermedades del corazón hasta el cáncer? En los últimos años, los científicos tienen identificadas varias vitaminas antioxidantes que poseen ventajas añadidas para ayudar a mantener una buena salud. Las vitaminas más frecuentemente identificadas como antioxidantes son las vitaminas A, C, y E. Además de evitar las enfermedades cardiovasculares y el cáncer, estas vitaminas son esenciales para la salud de ciertos tejidos y procesos específicos del cuerpo.

Las vitaminas antioxidantes protegen al individuo, no sólo contra el cáncer y problemas cardíacos, sino que también contra los trastornos nerviosos, infecciones, problemas de la vista y los efectos físicos del envejecimiento.

Realmente tiene sentido comer una dieta equilibrada y en gran variedad de verduras y frutas, ya que contienen muchas vitaminas y nutrientes antioxidantes. Es necesario incluir estas vitaminas importantes en su dieta diaria para asegurarse de que su cuerpo retiene las reservas de antioxidantes adecuadas para su uso futuro. Las plantas comunes que contienen más vitaminas antioxidantes y nutrientes son la soja, los cítricos, las hojas de ginkgo, el romero, el arándano, la fruta de Noni y la cúrcuma. Las mejores fuentes de antioxidantes son el jengibre, la granada, las semillas de girasol, las nueces, y las bayas y el ajo.

LOS RADICALES LIBRES

La oxidación es un proceso de nuestra vida. Este proceso sucede para producir energía mediante la quema de combustibles de una forma controlada dentro de nuestro cuerpo. Los subproductos naturales de este proceso son los radicales libres. Estos radicales libres causan el envejecimiento y otras complicaciones para la salud. Los antioxidantes (vitaminas A, C, E) se reservan en nuestro cuerpo y la inclusión diaria en nuestra dieta de antioxidantes se encarga de la eliminación de estos radicales libres.

Lucas Cano Costas

LA VITAMINA A

Casi todo el mundo ha oído hablar de la función de la vitamina A en el sistema inmunitario, la prevención del cáncer, la mejora en la piel y otros beneficios que nos reporta para el cuerpo y la vista. Pero el efecto más desconocido de la vitamina A es su aportación de antioxidante. Se encuentra fácilmente en la leche enriquecida, las naranjas y las verduras amarillas. Realmente consiguen neutralizar a los "malos", los radicales libres.

LA VITAMINA C

Como antioxidante, esta vitamina puede ayudar a mantener la retina del ojo sano al obstaculizar los procesos destructivos que tienden a destruirla. Esta vitamina también mejora la absorción del hierro en el cuerpo para prevenir la anemia. La vitamina C ayuda en la prevención de la oxidación de sustancias solubles en agua en el cuerpo.

Además de esto, la vitamina C juega un papel importante en la liberación de hormonas de estrés y para la salud del tejido conector.

LA VITAMINA E

Esta vitamina es muy conocida por sus beneficios antioxidantes. La vitamina E bloquea la grasa de oxidación, especialmente en los pulmones, donde disponemos de grandes cantidades de oxígeno y también evita daño a las membranas celulares. Por otra parte, esta vitamina también le protege contra la enfermedad del Parkinson, la enfermedad de Alzheimer, cataratas, cáncer, y enfermedades del corazón.

Como las vitaminas antioxidantes ofrecen muchos beneficios, no debemos caer en el error de incluir vitaminas antioxidantes en exceso, ya que puede ser peligroso. El equilibrio químico de nuestro cuerpo pueda verse gravemente perturbado cuando las vitaminas antioxidantes cruzan el nivel óptimo. Siempre consulte con algún nutricionista licenciado o con un profesional de la salud para tener una orientación adecuada a la hora de la dosis apropiada de cualquier vitamina.

LAS PRINCIPALES FUENTES DE VITAMINAS Y MINERALES

Las vitaminas son muy fáciles de encontrar si usted sabe dónde buscar. Los granos, las frutas y las verduras son excelentes fuentes naturales de vitaminas. A continuación veremos los diez mejores alimentos naturales que contienen vitaminas importantes que su cuerpo necesita.

NARANJAS

Las naranjas no sólo están repletas de vitamina C, sino que también contienen potasio, vitamina B6 y vitamina B12. La vitamina C se sabe comúnmente que ayuda a prevenir y a curar la gripe y ayuda comúnmente en la absorción de hierro y también se ha relacionado con la prevención de enfermedades del corazón. La vitamina B6 es una poderosa herramienta que ayuda a su metabolismo.

ZANAHORIAS

Las zanahorias contienen mucha vitamina A y también tienen una buena cantidad de calcio y vitamina C.

Sin embargo, es importante que no se cocine demasiado ya que sino todas las vitaminas y minerales saludables habrán evaporado o consumido. Consumir una zanahoria fresca en su almuerzo es una gran manera de consumir todas los grandes vitaminas necesarias para su organismo.

ESPINACAS

El ácido fólico o B9 se encuentra en abundancia en la espinaca. El ácido fólico es vital para las mujeres embarazadas, ya que puede ayudar a reducir el riesgo de defectos congénitos en los recién nacidos. La espinaca también tiene otros nutrientes importantes como la vitamina A, C y E y se deben comer crudos para obtener el mayor beneficio de los nutrientes que contiene.

ARÁNDANOS

Los arándanos son quizás los más conocidos por sus efectos sobre la memoria. Los estudios han demostrado que los compuestos de vitamina B en los arándanos ayudan a mejorar la memoria y a reducir el riesgo de enfermedad de Alzheimer y de demencia. También son una gran fuente de vitamina C.

ALMENDRAS

Las almendras están repletas de calcio y vitamina E. La vitamina E se cree que ayuda a prevenir ciertos tipos de cáncer y enfermedades cardiovasculares. También es una gran fuente de calcio, con lo que nos ayuda a fortalecer los huesos.

BRÓCOLI

La vitamina K, A y C, calcio y fibra son muy abundantes en el brócoli y una buena dosis de brócoli una vez por semana le ayudará a prevenir el cáncer, así como ayudar a fortalecer los huesos.

COLIFLOR

La coliflor es sin duda la mejor fuente de vitamina K, que es vital para la capacidad de su cuerpo para hacer que su sangre coagule. También es una buena fuente de vitamina C, fibra y algunos nutrientes que se cree que ayuda a prevenir ciertos tipos de cáncer como el de mama y el cáncer de próstata.

Lucas Cano Costas

HABAS

Las habas son una gran fuente de ácido fólico y es ideal para la formación de células. Las habas también contienen hierro que ayuda a mantener su nivel de energía. Otras sustancias importantes que hay en las habas pueden ayudar a prevenir el cáncer, reducir el riesgo de diabetes, ayuda a su sistema circulatorio y ayuda a controlar su peso.

MANZANAS

Una sola manzana al día le puede mantener alejado del médico. Las manzanas son una gran fuente de vitamina C, que le ayuda a estimular su sistema inmunológico. Sin embargo, los estudios han demostrado que las manzanas también contienen otras propiedades vitales que ayudan a estimular su sistema inmune en otras formas que los suplementos de vitamina C no pueden.

LOS EXTRACTOS SUPLEMENTARIOS

Tomar suplementos de vitaminas es similar a tomar Ibuprofeno para el dolor o antibióticos para una infección. Un suplemento vitamínico le ayuda a cuidar su salud y a asegurarle a usted que obtiene las vitaminas que necesita. Si usted ya tiene suficiente de ciertas vitaminas, puede comprar suplementos individuales de casi cualquier cosa que se pueda imaginar. Si están buscando mejorar su memoria, pruebe el ginkgo. Para una piel sana pruebe el extracto de lupino. A continuación veremos unos pocos tipos de suplementos diferentes que podemos encontrarnos en el mercado hoy en día.

SUPLEMENTOS DE EXTRACTO DE GRANADA

Como la mayoría de los suplementos de antioxidantes en el mercado de hoy, el extracto de granada se promociona no sólo como un antioxidante, sino también como un anti-cáncer y como una sustancia anti-viral. Uno de los beneficios más importantes de tomar el extracto de granada es que usted no está consumiendo las calorías extras que si consumiría si lo tomara en forma de zumo. Esto es especialmente importante para los diabéticos o a los que quieren consumir la granada a largo plazo como un suplemento dietético. Muchos estudios también indican que el uso de la granada de una manera coherente está vinculado a una disminución drástica en el riesgo del cáncer de próstata.

EL EXTRACTO DE ROMERO

Se puede comprar en forma líquida, el extracto de romero puede ser una poderosa hierba suplementaria. El extracto de romero también se puede frotar en la piel para ayudar a la circulación y tensar la piel. También se han realizado estudios con píldoras de extracto de romero y han constatado que pueden ayudar a la próstata y a la lucha contra varios cánceres.

EXTRACTO DE GINKGO

El Ginkgo es más conocido como un agente potenciador de la memoria y se encuentra más comúnmente en forma de pastilla suplementaria. La planta es originaria de China y tiene una larga historia de usos médicos. También se cree que es un afrodisíaco suave, que cura el Alzheihmer y que es un gran antioxidante.

ECHINACEA

La Echinacea es ampliamente utilizada para ayudar al sistema inmune, como un antibiótico y para purificar la sangre. Se vende normalmente en forma de pastilla suplementaria, pero también se puede consumir en forma de un té de hierbas excepcional. Hay muchos fabricantes que comercializan el té de equinácea por lo que le será muy fácil de encontrarlo online o en su local de supermercado.

HIERBA DE SAN JUAN

La Hierba de San Juan se utiliza para combatir la depresión, la ansiedad y otros trastornos mentales. A través de los siglos, se ha utilizado para algunas otras cosas, pero sobre todo para los trastornos mentales. Estudios recientes muestran que puede que no sea tan potente como se pensaba en la lucha contra estas enfermedades, sin embargo, St. John Wort tiene muchos seguidores, entre ellos profesionales de la medicina que se destacan por sus usos.

Como se puede ver, hay una gran variedad de usos y beneficios de los extractos. La mejor noticia es que esto es sólo una lista parcial de los suplementos disponibles. Otros extractos potentes incluyen:

El arándano, Boswellia, baya del saúco, eufrasia, sello de oro, pepitas de uva, el Cardo de leche, Té de aceite de árbol, y muchos, muchos más.

LO NATURAL Y LO SINTÉTICO

Literalmente hay miles de vitaminas y suplementos disponibles para comprar. Cada tipo de suplemento, tales como el calcio, el ginkgo o las multivitaminas tienen muchas marcas disponibles hechas de una gran variedad de maneras diferentes. Algunas vitaminas se derivan directamente de fuentes naturales tales como naranjas, aceites, plantas y vegetales.

Y para cada vitamina disponible naturalmente, también hay una vitamina disponible en forma de píldora. Aunque los suplementos vitamínicos afirman ser lo mismo, puede que no esté recibiendo la cantidad de nutrientes que usted se imagina que está recibiendo. No queremos decir que las vitaminas sintéticas sean inferiores a los suplementos naturales, pero si que pueden existir diferencias importantes. Otra consideración importante está en los materiales de carga utilizados en las vitaminas que complementan las píldoras. Algunas marcas contienen sustancias adicionales que realmente no necesitas y que en realidad pueden causar más daño que bien para nuestro organismo.

LAS FUENTES NATURALES DE VITAMINAS

Las fuentes de vitaminas naturales son aquellas que su cuerpo obtiene de frutas, plantas, vegetales y otras fuentes naturales. Estas suelen encontrarse de tal manera que será muy fácil para su cuerpo poder procesar y absorber las vitaminas que usted está buscando.

Sin embargo, si no come una dieta bien equilibrada, su cuerpo puede estar privado de ciertas vitaminas. Las fuentes de vitaminas naturales tampoco pueden no ser adecuadas para determinados casos. Por ejemplo, usted puede tener un problema intestinal que le impide absorber adecuadamente los nutrientes. Si este es el caso, puede considerar la suplementación con una píldora de vitaminas para asegurarse de obtener su ración diaria de vitaminas.

FUENTES DE VITAMINAS SINTÉTICAS

Aunque algunos suplementos se derivan de fuentes naturales, no todos lo son. Muchas vitaminas, como la vitamina C, puede ser producido sintéticamente en un laboratorio y tener exactamente la misma estructura.

Sin embargo, hay vitaminas que no son la misma, como la vitamina E. La vitamina E tiene dos formas diferentes, una que es absorbida y utilizada por el cuerpo humano y otra que no lo es. En el laboratorio, los químicos se caracterizan por producir una vitamina E que es la mitad de buena que la vitamina D y no un medio. ¿Qué significa esto? que muchas veces las pastillas de vitaminas que usted compra en la farmacia sólo le dan a su cuerpo la mitad de la cantidad de vitamina E de lo indicado en la etiqueta.

RELLENOS DE LAS VITAMINAS

Las tabletas de vitaminas suelen contener una gran variedad de rellenos y mientras algunos de estos son buenos para usted, algunos otros no lo son, pero tampoco es necesario exagerar con este tema.

Lucas Cano Costas

El aceite de soja es un muy relleno común y es relleno muy poco saludable que se encuentra con mucha frecuencia en las cápsulas de gel. El aceite de soya en realidad puede hacer más daño que el bien de la vitamina, porque es muy alta en grasas trans (que son grasas "malas") y puede causar todo tipo de problemas de corazón, así como la obesidad. Otro relleno innecesario reside en la búsqueda de dar un color artificial. Los colores artificiales han demostrado ser cancerígenos y muchas personas son alérgicas a estos.

En conclusión, estos maravillosos remedios herbales que existe desde hace mucho tiempo están todavía disponibles para ayudar a la gente de hoy en día a prevenir y a curar o mejorar muchos problemas de salud. Y además de estos grandes hallazgos y ciencias modernas, los productores nos ofrecen una gran variedad de otras opciones como vitaminas antioxidantes, fuentes de vitaminas y minerales importantes naturales, extractos, vitaminas naturales o sintéticas para complementar la dieta. Todo esto es para que usted pueda gozar de una buena salud.

Lucas Cano Costas

ACERCA DEL AUTOR

Este libro ha sido escrito por Lucas Cano Costas, activista y vegano desde el año 1995.

Esperamos que con este libro usted se una a nosotros y nos ayude a construir un mundo mejor, más verde y libre de crueldad animal.

www.ingramcontent.com/pod-product-compliance
Lightning Source LLC
Chambersburg PA
CBHW070400290526
45790CB00004B/1577